未来の扉を開く

魔法の言葉辞典

Kreha

CROSS-POT

未来の扉を開く
魔法の言葉辞典

あなたの人生のすべてには、
時空を越えて光とともに
無限の可能性を秘めています。

これからの歩みには、
あなたの輝きからさらなる
奇跡の道が生まれることでしょう。

さあ、魔法の言葉とともに、
未来を輝きへと変える光を
受け取ってください。

光のエヴァンジェリスト
Kreha

本書の使い方

　この書は、あなたの「輝き」に繋がり、今そして未来への光を受け取るための現代の魔導書です。

　はじめに、この書を開く前に優しく手に触れながら、挨拶をするように「導きを受け取ります」と願います。そして、「魔法の書よ、メッセージを伝えておくれ」と、優しく3回ノックをしてから、感じるがままに本を開きましょう。あなたの想いが真実の道と繋がり、未来の扉を開くページへと導かれることでしょう。

　そして、左ページのメッセージを心で唱えましょう。その想いを全身に感じてください。しかし、ただ読むだけなのはタブーです。なぜなら、この書のすべての言葉には、魔法の光が宿されているからです。また、ため息をつきながら開くと、ため息を生む魔法の言葉になってしまうので気をつけて。

なんとなく開いたそのページの言葉にも、意味があります。そっと唱えてみましょう。また、何度も開くのも良いですが、読んでいくうちにわからなくなってしまう場合があります。そんな時は、あなたもこの書も、一度休憩をしましょう。この魔導書は、あなたの分身となります。魔法の言葉を受け取りたいと思う時、改めて開いてみてください。

　この書の保管は、できるだけゆっくりと休めるところに置いてください。普段、持ち歩いても良いですし、あなたのお気に入りの場所に置くと、書に宿る言霊の光がさらに共鳴を生み、あなたへさらなる魔法の力を与えてくれることでしょう。

　この魔法の言葉を読むたびに、あなたの未来は気づかぬうちに輝いていくことでしょう。
　さあ、「今」のあなたから未来のあなたへ、奇跡の魔法をかけていきましょう。

ひっくり返して
ものを見る

（未来好転の魔法）

この現状ですでに起こっている物事や意味を、さかさまにして見つめてみましょう。たとえば、あなたが何かをするとしたら、相手はどのような輝きを見つけるか、目的を達成することは他に何を意味するのかなど、今までとは違う気づきが、さらに豊かな未来に繋がります。

壁に苦しむ今は
突破を迎えた未来の導き

（困難突破の魔法）

自分に無理をして頑張ることは、いけないことで
はありません。ですが、目の前ばかりを見つめ
すぎないことを大切にしてみてください。あなた
の想いは未来の笑顔と繋がり、生まれたのです
から。その想いから、達成へ向けて試練を乗り
越える光の導きが現れるでしょう。

いつものあなたが宝物

（知見覚醒の魔法）

いつもの何気ないあなたでいる時、ニコッと笑顔で鏡をのぞいてみてください。すると、笑顔から生まれた光が全身に広がります。その輝きを感じてみてください。未来のあなたがその輝きを見つけ、思いがけないチャンスや出逢いを与えてくれることでしょう。

未来のあなたと、光を繋ぐ

（未来召喚術）

手にしたものや、これからの予定にときめきを感じ
たら、それはあなたの未来を今以上に瞬かせる、
思いがけないギフトが訪れる知らせです。美しい
光が降り注ぐ未来のあなたと、今のあなたと手が
繋ぐイメージを、感謝とともに感じてみましょう。

思慮深き闇の渦の外に、
光あり

（渦解消の魔法）

今は考え過ぎる必要はありません。行き詰まることがないよう、癒しの光があなたを包もうとしています。そして、他の扉から、解決の光が漏れています。慌てずに目の前の渦から離れてみると、美しい気づきの光があなたを導いてくれることでしょう。

過去は歴史、未来は神秘

（意識統一の魔法）

あなたの「今」はすべてに繋がっています。時空を越えたすべての過去世をはじめ、現世のあらゆる過去にも未来にも繋がる「今」のあなたは、すべての代表です。思う存分、奇跡を生む光を受け取りながら、輝ける道を歩んでいきましょう。

枠を外してワクワクしてみる

（光再生の魔法）

知らないうちに、誰もが自分に「枠」を生みながら
生きています。その枠で自分を苦しめなくても良
いのです。「○○をしなきゃ」と、自分を縛る必要
もありません。まずは、「○○ができたらいいな」
と思ってみましょう。ふわり、と自由を楽しむ光が
舞い降りることでしょう。

道よ、拓け

（道拓きの魔法）

できれば今すぐ、唱えてみましょう。ただし、慌てずに心を込めて。未来のあなたが用意した次のステージが現れる兆しです。慌てずに歩める時、普段では気づかないような「小さなこと」から徐々に光が瞬き始め、やがて光の道にいることを知る時が来るでしょう。

「あいうえお」

（新時代の困った時にかならずうまくいく魔法の五文字）

あ……慌てない

い……生き急がない

う……うぬぼれない

え……笑顔を大切に

お……大きな愛で

感謝とともに

（幸福新生の魔法）

「ありがとう」。その気持ちを伝えることで、未来の輝きに繋がる、大切な気づきや感動に出逢えることでしょう。時空を越えて、言いそびれていた感謝の気持ちを大切に。現世に転生できたからこそ、一人ではないからこそ生まれる、素敵な幸せに巡り逢えることでしょう。

すべては繋がっています

（導きの魔法）

言葉で説明を受けたり、頭で理解する必要はあ
りません。今のあなたに、ようやく「すべて」から
の願いを叶える時が訪れようとしています。感謝
とともに過ごしてみましょう。

感性は、
あなたの輝きを生む光

（感性召喚の魔法）

人間の感性は、この世で存在するあらゆる輝き
を見つけ、共鳴を生む「光のアンテナ」です。良
くも悪くも、そのアンテナはあなたへ気づきをもた
らします。あなたの感性を嫌な予感に使うのでは
なく、心躍る喜びを探すために使いましょう。そ
の意識が、さらに研ぎ澄まされた光を生み出す
ことでしょう。

「だるまさんがころんだ」

(あなたがあなたの中で
自分を失わない魔法の言葉)

感情に嵐の前のような波が生まれ始めたら、「だ
るまさんがころんだ」とつぶやいてみましょう。そ
の瞬間に光が生まれ、あなたは大切なものを失
わず、本当に望む導きを受け取ることができるで
しょう。

魂レベルで未来が輝く

（未来の扉解放術）

さまざまな過去世を生きたあなたの魂は、今のあ
なたでは想像もつかないほどの美しい輝きを放ち
ます。その輝きは無理に引き出すものではありま
せん。まずは、あなたの心が喜ぶ何気ない幸せ
を大切に。この世界では説明がつかない、素晴
らしい喜びが生まれることでしょう。

魔法が使える時代となる

（魔力解放術）

あなたは今、時空を越えて、のびのびとワクワク
しながら、魂も喜ぶ自由な道を選べる時代に転
生しています。さあ、過去世の魔法の封印は解
かれました。心も身体も喜ぶ未来を願い、感謝
を忘れずに歩みましょう。

未知なる未来を
既知なる未来へ

（未来創造の魔法）

あなたの心身に宿る美しい光は、無限の可能性を秘めています。まずは、「今のあなた」だけで未来を決めつけない小さな勇気を。今のあなたの願いは、無限にあるはずの可能性を断定してしまっているでしょう。さらにその先に広がる「あったらいいな」を想像し、未来を創造していきましょう。

モヤモヤよ、さようなら

（陰影撃退の魔法）

心に潜むモヤモヤを感じたら、それは過去世に
見過ごしていた気づきを手に入れるサインです。
目の前の原因だけではなく、今の状況にまずは
感謝を。そして、「嫌な想いはさようなら」と優し
い別れのイメージを。やがて太陽の光のような
希望があなたへ訪れることでしょう。

「こうなっても良いかも!?」と心に許可を

（未来覚醒許可の魔法）

未来に新たな解決の扉が現れます。これまで想像していなかったような思いがけないチャンスに出逢える兆しです。まずは、あなたが受け取る許可の心と、出逢えた喜びと感動のイメージを。すると、心の奥に眠る奇跡が呼び覚まされることでしょう。

ベクトルを上げてみる

（運気上昇の魔法）

空を見上げるように、ちょっとだけ気持ちも希望
も、上向きにしてみましょう。心に浮かぶ想いを、
今よりももっと素敵な未来へと想像すると、これ
までとは違う気づきと出逢いが生まれます。あな
たの未来はさらに上昇気流に乗り、輝きを見出
せることでしょう。

「期待」ではなく、「希望」を

（好機召喚術）

何かを待ち望むよりも、たくさんの輝きを生む未来のあなたをイメージしてみましょう。これまでの願いのその先の未来の輝きを見出す時、自ずと導きが現れ、実現を願っていた以上の喜びに出逢えることでしょう。

レッドカーペットに、
「よろしくね」

（保護の魔法）

あなたの歩む道に、素敵な赤い魔法のじゅうたん（レッドカーペット）が真っ直ぐに敷かれている光景をイメージしてみましょう。不安も邪魔もあらゆる災いも祓われ、目指すゴールまで光があなたを守り導いてくれることでしょう。

「今の未来」から、 「さらに輝く未来」へ

（未来創生の魔法）

これまでのあなたの経験から生まれている未来
の道に、何かがきっかけとなり、変化が訪れる
兆しです。変化を楽しみながら過ごしてみましょ
う。現世のあなたは、どの過去世の想い出より
も、ずっと素敵な未来への道を歩めるでしょう。

「お邪魔します」
「お邪魔しました」

（現代結界術）

人が多いところや初めての場所、慣れない土地
や空間などに足を踏み入れる際に、心で伝える
よう唱えてみましょう。その土地や空間、あらゆ
る交通手段も、あなたの気と調和を生みます。
そしてその場から去る時は、ネガティブな気が
移ったり憑依もすることなく、離れることができる
でしょう。

魔法使いの記憶が蘇る

（魔力召喚術）

これまで知らないうちに、自分で未来の可能性を閉じ込めていたことにそろそろ気づく時が来たようです。まずは、「難しい」という魔法を解くことから始めましょう。さあ、「輝く未来へ」と、過去世の魔法を光へ還し、輝く道を歩みましょう。

過去に感謝を、
未来に希望を

（人生光輝の魔法）

心の中に秘めた奇跡の光が呼び覚まされようとしています。今、ここにある喜びを見つけた時、これまでとは違う感覚の幸せを感じ、新たな未来への希望が生まれ、それはすでに実現の道にあることに気づくでしょう。

まずは「なるほど!」と
思ってみる

（光連鎖の魔法）

当たり前と思っていても、うなずけるような小さな気づきが現れた時、それは、過去世のあなたが託した、奇跡の未来の扉を開くための光の鍵を見つけた証です。ここから始まる新たな光の連鎖を楽しんでみましょう。

これまでに「ありがとう」
これからに「よろしくね」

（喜びの連鎖術）

今という大切な時を頑張るあなたが、過去のあなたとそのすべての出逢いに感謝し、そして未来への希望を想う時、目には映らぬ美しい瞬きがあなたへ届きます。優しい風のような光とともに、喜び溢れる未来へと導いてくれることでしょう。

笑顔の「ただいま」を、
始まりに

（安心と安定の魔法）

今日の始まりに、笑顔で「ただいま」と帰るイメージをしてみましょう。素敵な一日の終わりを思い描くことで、そのプロセスを安全と安心の光が包み込み、喜びに出逢える道となるでしょう。不安や恐怖、苛立ちストレスからあなたの輝きを守ります。

「今」は、
すべてのあなたから与えられた
「奇跡を生む光の道」

（奇跡を呼び覚ます魔法）

あらゆるものを想像し、そして創り出すことので
きるこの時代は、「無」という世界の中で最も無限
の可能性を秘めています。もしも今、あなたが何
をしてよいのかわからなくとも、出逢うものすべて
に感謝を感じる時、さらなる素敵な出逢いと進展
の扉が開かれます。

「見えない幸せ」を
受け取ります

（不可能を可能にする魔法）

これまで想像できなかった幸せが生まれる道が現れようとしています。もしも今、あなたが何かの壁を感じていたとしたら、壁を壊す勇気を出す前に、あなたの心へ光を受け取る言葉を伝えてみましょう。すでに扉は開き、その先に輝く真っ直ぐな道を歩み始めていること気づくでしょう。

太陽の叡智は
惑星すべての軌道を導く

（軌道好転の魔法）

太陽が、自らの光で惑星たちを照らしていること
に気づけたのは、しばらく時が経ってからのこと
でした。地球に生きる私たちも、バランス良く太
陽の光を受け取りながら人生の軌道も輝やかせ
ています。心も身体も人生も、太陽の光を受け
取り、輝かせましょう。

「あったらいいな」
ひらめきが世界を変える

（光の好転魔法）

今のあなたが何か「あったらいいな」と思う時、
それはあなたが過去世にそっとしまった世界を輝
きに変える宝探しのスタートです。秘密の宝がひ
らめきとともに時空を越えて現れようとしていま
す。自然と心が喜ぶ未来にワクワクする時、小さ
な光を発見するでしょう。

「ありがとう」は
「有り」「難い」

（奇跡を受け取る魔法）

「ありがとう」と言えるのは、時空を越えた奇跡が生まれた証です。過去世であなたが手に入れられなかった幸せが、今、ここに再び現れ、そして奇跡を手に入れる時を迎えようとしています。今だけの幸せではない感謝の気持ちを感じる時、光の連鎖が生まれることでしょう。

魂の記憶が
愛の光を呼び覚ます

（愛の再生魔法）

この世界の誰もが、人間以外の生命体としても
出逢っていた過去世を経ています。同じ種族以
外との出逢いが、違和感から共鳴を生み、共存
の喜びを見出し、そして転生して同じ人間として
出逢えているのです。会話も手を繋ぐことすらも
できなかった、さまざまな愛の実現に感動と感謝
を大切に。

場所や物にも、
「よろしくね」

（共鳴の魔法）

この世のすべての存在は、あなたと同じ無垢なる光を宿しています。あなたの輝きを感謝とともに伝えると、素敵な共鳴の光が生まれます。そして、さらなる喜びと繁栄が呼び覚まされることでしょう。

嫌な予感は「魔除け」の導き

（魔の解消術）

なんだか嫌な予感や感覚が生まれたら、それはあなたの輝きを守る知らせです。良くないことや悪いものに気を取られてしまわないように気をつけて。光を見出す魔除けの導きに感謝して、ほっとする時間を作り、笑顔の未来を願ってみましょう。あなた一人だけの世界でないことも忘れずに。

心も身体も共鳴を生む
「素敵な未来になりますように」

（健康の魔法）

心も身体のすべての細胞も、あなたの想いに共
鳴して今もこうして生きています。すべてが一つ
となって、この世のあなたの人生を輝かせる道を
願ってみましょう。あなたのすべてに輝きが生ま
れ、健康の光が瞬きます。

ともに生き、ともに輝く

（未来新生の魔法）

この世のすべてと繋がり、出逢う人や物すべてに自然と感謝を感じられる時です。気づかないうちに奇跡の光が瞬き、現世でしか出逢うことのできない新たな輝きが生まれるでしょう。過去世のあなたが選んだ、時空を越えた「未来の再会」がさらに広く輝く兆しです。

道なき道に、光射す

（無垢の光 召喚の魔法）

何気なく過ごしているようで、じつは未来を輝き
に変える道が生まれる兆しです。「このままでい
いのかな?」と悩むことを、今はあえてやめてみま
しょう。あなたの無垢な想いで人生を楽しむ時、
その先に神々しい光の導きが訪れることでしょう。

「可愛いあまのじゃく」に
なってみる

（あまのじゃくの魔法）

物事をただ素直に受け入れるだけではなく、もう一つ違う目線で見てみましょう。これまでに気づけなかった、新たな幸せを手に入れる扉を開くことができるでしょう。新しい意識の世界が楽しめる道が生まれます。

お金とあなた自身に
「ありがとう」

（財運向上の魔法）

お金とともに生きることで生まれる幸せを感じて
みましょう。そして、お金を手に入れるまでのプ
ロセスがあなたの素晴らしい財産であることに気
づく時、新たな財を生む扉が光とともに生まれ出
すことでしょう。

「びっくりすること」が起こるよ!

（サプライズの魔法）

未来の光があなたへ囁いています。過去世のあなたが受け取ることのできなかったサプライズが起こる兆しです。当たり前と感じることを見過ごさずに、感謝と喜びを感じる時、本当のサプライズに出逢えることでしょう。

「運命の再会」を叶えた今が、
ここにある

（現世充実の魔法）

この時代は、すれ違う人とも憧れのあの人とも、過去世からの再会を果たしています。現世は、新たな繋がりであなたの心が喜ぶ道が生まれています。感謝とともに出逢えた奇跡を楽しみましょう。

選択のコツは、
「どんな素敵な光が生まれるか」

（プロセス好転の魔法）

あらゆる選択で損得を考える前に、ワクワクする気持ちを大切にしてみましょう。現実的な目標を達成する前や何かを手に入れる前の、そのプロセスから生まれる気づきと喜びをイメージしてみると、成果や結果以上の輝きに出逢えることでしょう。

無限の二極化を活用する

（二極化好転術）

新時代はそれぞれの個性が輝き、誰もが「それぞれ」を選べる時代です。光も闇も、意識も概念もすべて無限の陰陽の二極化が広がり続けています。人生を楽しみながら歩みましょう。その輝きが、さらに素敵な楽しい光の連鎖を生むことでしょう。

ひらめき以外の
風の知らせが奇跡を呼ぶ

（気づきの風の魔法）

今、即断即決には注意が必要です。一瞬のひらめきや思いつきで決めることなく、未来にどのような輝きが生まれるか、どのような感覚になるかを感じてみましょう。すると、決断をするヒントが気づきの風とともに訪れるでしょう。

過去世に出逢った
輝きの宝探しを

（人生の秘宝発見の魔法）

現世には、世界中に散りばめられた宝石のような、過去世に出逢った輝きが眠っています。あなたのこの人生は、さまざまな時代を生きた過去世で出逢った、たくさんの輝きに溢れています。五感から生まれる魂の記憶を呼び覚ましながら人生の宝探しを楽しみましょう！

ゆっくりと自分のための
深呼吸を

（光召喚術）

ゆっくりと心でする深呼吸(心呼吸)は、心と身体
を一つにする魔法です。大切な心と身体に、優
しく光を取り入れるイメージでゆっくりと息を吸
い、全身に光が巡る感覚を確かめながら、身体
に溜まった黒い渦や疲れを吐き出すように息を吐
きましょう。

「仕方がない」を封印する

（邪気封印術）

「仕方がない」とあきらめて目を閉じると、心も未来の希望への扉も閉ざされ、せっかくの光も見失ってしまいます。「仕方がない」を封印し、「まずは何かを見つけてみよう」と気持ちを変えてみましょう。すると「まさか」な喜びが訪れるでしょう。目の前の先の闇は、光を見つけるためのヴェールです。

彷徨えるタマシイたちの
蠢く闇を、光の道に

（邪気昇華術）

今の世の中には、光を求め彷徨うタマシイたちも
共存しています。この混沌としたカオスな世界は
これからも続きます。闇を見つめるよりも、闇の
中から光の瞬きを見つける気持ちを重視しましょ
う。深呼吸を大切に、あなたの中に眠る光を見
つけ、輝く未来の扉を開いていきましょう。

あなたも「すべて」の光の一部

（全体意識再生の魔法）

人間も地球も宇宙も、すべては同じ「無」から生まれています。「それぞれ」に存在している私たちがこうして出逢い、それぞればらばらに存在しているからこそ、神秘的で不思議な世界が生まれたのです。あなたという世界をすべての輝きとともに楽しみましょう。

「ワクワク」は喜び溢れる
未来を受け取る光の導き

（喜びを呼ぶ魔法）

思わず心が躍るような気持ちが生まれる兆しで
す。それは、ただその瞬間だけのものではありま
せん。一日に生まれる素敵な輝きから、さらなる
未来を光に変えていくことでしょう。

すべて繋がり
道が拓く
（未来閃光魔法）

点と点が繋がり、美しく輝く光の道が生まれよう
としています。別々に感じている物事も、すべて
はあなたの未来の輝きへと繋がっています。あら
ゆる繋がりの奇跡に気づき、感謝を想う時、時
空を越えた喜びと感動に出逢えることでしょう。

当たり前が当たり前ではなく、
当たり前ではないことが
当たり前になる

（意識革命の魔法）

現世は、これまでの常識も、あらゆる意識も概念も、何もかもすべてが覆されるような新時代となりました。さまざまな変化や違いを、冒険する気持ちで楽しんでみましょう。あなただけの新発見や素晴らしい出逢いがあり、繁栄への扉を見つけられることでしょう。

この状況には
どんな意味がある?

（新生の扉誕生の魔法）

今の状況には、時空を越えて実現を手に入れた
光が隠されています。現世のこの状況は、過去
世の想い出の塗り替えであり、未来からのやり直
しです。感謝の気持ちで見てみましょう。時空の
扉が開き、新たな気づきの導きが訪れます。

世界の果てを求める冒険は
人生の光探しの旅

（光探し導きの魔法）

あなたの目標や夢の実現は、過去世で大冒険へ
挑んだ記憶に繋がります。無限の可能性を信じ
て歩む勇気とともに、道中で出逢う素敵な感動
の光探しをしてください。それが、あなたの財産
となるのです。

自分だけではない、
だから、この世はおもしろい

（混沌の光発掘の魔法）

同じ人間は二人と存在しないこの世界は、宇宙誕生から無限の可能性が秘められています。楽しい時も、生きにくい時も、多々生まれるあらゆる出逢いに感謝をする時、あなたの中に眠る魅力溢れる輝きが瞬き始めるでしょう。素敵な人生の軌道が見つかる兆しです。

あなた自身で
選べる未来を生きる

（光選択の魔法）

今、この世界は損得や優劣などさまざまな概念で二極化が生まれ、豊かな情報によって誰もが迷子になってしまう時代です。迷った時には、未来に齢を重ねたあなたが笑顔でいるイメージをして、道を選びましょう。未来のゴールが、今から続く道を真っ直ぐに整えてくれるでしょう。

青天霹靂のごとく、
奇跡の光が舞い降りる

（奇跡 召 喚 術）

あなたの過去世の大変苦しかった魂の記憶が呼び覚まされ、時空を越えて喜びに変わる扉が開き始めたようです。今の状況に感謝を忘れず、自惚れず、そして誰かに恩返しができる未来を願って歩んでみましょう。

「今」は過去世から
生まれた奇跡を生む道

（転生好転の魔法）

もしも今、叶えたい願いがあるとしたら、それは
あなたが過去世で願った道の続きです。この現
世で実現をもたらす鍵は、あなただけの力では
ないことを忘れないことです。たとえ一人で叶え
る道だとしても、それは過去世で誰かがあなた
の未来に光を与えてくれたのですから。

とうとう、
「あの輝き」が舞い降りる
（光芒降臨魔法）

何も変化がないと感じる時にこそ、今まで見つけられていなかった感動や喜びが隠れている知らせがあります。あなたが求めていた素敵な気づきの光が、ふとした瞬間にあなたへ降り注ぐことでしょう。今のこの瞬間も、すべての奇跡から生まれた道にいることを忘れずに。

イライラは、あなたの心に
想いが溢れたサインです

（感性好転魔法）

現世に感じる苛立ちは、過去世の戦いや諍いの
記憶が蘇った証です。どうにもならない想いを心
にしまい込んだ魂の記憶から、相手のことを考え
るが故に、あなたはその想いを飲み込んでしまう
のです。感情の波に流されないように慌てずに
向き合い、笑顔となる未来を願い、想いを伝えま
しょう。

独りよがりも楽しむ勇気を

（事態好転を生む魔法）

気がつくと一人で頑張りすぎてしまうあなたに、未来のあなたが知らせを与えています。「少しあなたを楽しませてあげましょう」と。大切な誰かや何かがあるから、頑張っていることを忘れずに。あなたは無理をする必要などない未来を願い、この転生を叶えたのですから。

時空を越えて
「言霊」を届けよう

（言霊降臨の魔法）

この地球上で最も優れた叡智の存在が人間で
す。言葉は、光も闇もすべての想いを伝えること
ができる、魔法の術の一つです。現世のあなた
は、時空を越えて「本心」を伝える願いを宿して
転生しています。あなたの心の光を宿した魔法
の言葉を大切に。

便利な世界で
絶えゆく五感を呼び覚ます

（感覚再生の魔法）

今は豊かな文化の時代となり、デジタル技術の発展によって誰もが便利な生活ができるようになりました。知らないうちに、人間の身体がアナログな存在であることを忘れてしまわないように、ときどき、便利な品との出逢いのワクワクと、使える喜びと感動を大切にしましょう。感性も鈍らず、より輝くことでしょう。

数字に隠された
光の導きを

（神秘数の魔法）

ふと目に飛び込んできた数字には、今のあなた
に大切なパワーや秘密のメッセージが込められ
ています。その数字に込められた意味を求める
前に、その数字に出逢えた喜びに感謝をすると、
自ずと未来へ導く奇跡の扉が現れます。

100の学びを得るよりも、
気づきから生まれる感動を

（光持ちの魔法）

多くの学びや知識を得ることよりも、そのプロセスであなたが感じた気づきや感動が、かけがえのない人生に魔法の光を生むのです。それが過去世で見つけられないまま転生を重ねて求め続けた、あなただけの宝物なのです。

手洗いうがいは浄化の儀式

（現代浄化の魔法）

日常の何気ない手洗いや洗顔も、じつは浄化の一つです。水で洗い流すことは、見える汚れを落とすだけでなく、心身の疲労やネガティブな気の浄化に繋がります。新時代に誰もができる浄化の魔法です。手首から洗い流すことで、不安も疲労も邪気も光へ還ることでしょう。

悩みの渦が輝きを生む

（闇の渦より光を生む魔法）

一人では決して生きていくことはできない、人間の掟があります。その代わりに、人には無限の感性が与えられています。悩みは人生の輝きを生む前の、闇の渦から生まれた気づきの光なのです。未来にどのような輝きを望むかをイメージすると、誰かや何かが思い浮かび、そして輝く道が生まれるでしょう。

「人の風」から
「自分の風」へ

（神聖なる風の魔法）

素敵なものや人に出逢った時、それは「人の風」との出逢いです。ここから、あなたの輝きとなる「自分の風」を生み出していきましょう。あなたのワクワクが素敵な出逢いを呼び、ただ真似するだけではない、新しいあなたの風を生むことでしょう。

些細な一言は、
心の奥にある小さな本音

（一言の導きの魔法）

ふと口にする一言は、今のあなたにとって心に留めておきたくない何かの知らせです。ため息交じりに言葉が漏れる時、一休みをしてから行動しましょう。良くも悪くもあなたの心に、その一言とは違う想いがあることを見つけると解消するでしょう。

「水の洗礼」で
未来は清めの道を生む

（水の洗礼の魔法）

太古の昔から誰もが大切にしてきた、現代でも活用できる魔法の「浄め」です。朝起きた時や、状況が変わる時、新たな気持ちで何かを進めたい時など、まずは光を取り入れるように水を一口飲みましょう。朝の目覚めは心の目覚め、未来の目覚め、そして魂の目覚めです。一口の浄めが未来を変えることでしょう。

身の周りの輝きは
人生好転の鍵

（人生軌道修正の儀式）

身の周りの輝きを整え、片づけてみましょう。今
以上にあなたと関わる方々との関係が向上する
でしょう。片づけたくなったら、未来の人生の軌
道が整い始めるサインです。身の周りの状況は、
今、そして未来のすべてと繋がっているのです。

「ほっ」とする時間を大切に

（心再生の魔法）

まるで毎日が戦いのように生き急ぐ時代を生き抜いた過去世のあなたが、休息を求めています。この休息が、後悔を生まぬ未来をつくる鍵となる兆しです。あなたのために、あなたが喜ぶ時間を大切にする時、大切な人を守り、ともに輝きを見失わずに歩めることでしょう。

ご先祖さまに
「ありがとう」の輝きを

（ご先祖さまと繋がる魔法）

あなたのご先祖さまに日ごろの感謝を想う時、優
しく温かい愛の光が放たれます。あなたは一人
ではありません。この世界で大切な存在の輝き
を受け取りましょう。あなたから離れずに見守り
続ける愛の光は、どのような時でもあなたの味方
として瞬きを放ち続けているのです。

「どんな未来になりたいか」
が問われています

（問いかけの魔法）

今のあなたに、「どのような未来を望んでいますか?」と、未来のあなたから問いかけられています。「何かを間違えてないか」よりも「どのような未来になりたいか」を思い描き、探してみましょう。未来のベクトルに喜びを生む道を願う時、自ずと答えが見えてくることでしょう。

大切な空間を輝きへ

（空間好転術）

毎日を頑張っているあなたの大切な空間に、新し
い風を取り入れましょう。窓や扉を開けて、閉ざ
された空間に光を届けるように。心と身体へ美し
く澄み渡る光が届きます。未来のあなたが笑顔
になるイメージも大切に。

時空を越えて、
因果応報を輝きへ

（因果応報昇華術）

あなたがもし何かに苦しみ、悲しんでいるとしたら、それは、過去世で人を悲しませたり大きな罪を犯したり、戦った経験の想い出の塗り替えが始まる知らせです。苦しい想いが生まれても、誰かを恨んではなりません。気づきに感謝を忘れないことから、道が拓かれます。

違和感は、光の道を生む前の
あなたからの知らせです

（軌道好転の魔法）

大切な何かを失った過去世の記憶が呼び覚まされながら、新たな道が生まれる兆しです。心に違和感が生まれたら、それは二度と後悔しないための知らせです。同じ過ちを繰り返さないために、自分をごまかさずに、素直に確かめてみましょう。未来に安心の扉が開きます。

世界がみんな
「バラバラ」だから、
「幸せの光持ち」への
出逢いがある

（転生謳歌の魔法）

世界の始まりの始まりは、唯一無二の「無」。そして、「それぞれ」の光が誕生しました。現世は転生を繰り返しながら世界中に散りばめられた、あなたにしか見つけることのできない、時空を越えた再会があるのです。

五感が人生の輝きを
呼び覚ます

（五感 召喚の魔法）

あなたの五感は、魂の記憶に繋がっています。好きな色や味や香り、肌触りや音楽は、喜びの記憶を呼び覚まします。苦手な味や香りなどは、苦しめられた状況に出逢った魂の記憶に繋がります。身体も喜ぶ感覚を楽しむと、幸福な過去世の続きに出逢えるでしょう。

豊かな人生は
未来を生む希望から

（財運向上の魔法）

新時代の豊かな人生に必要なものは、お金や地位だけではありません。どのような状況でも心に潤いを感じて笑顔で生きていけるかが、魂レベルでの幸せな輝きとなり光の財産と変わっていきます。光溢れるこの世界で、まずはあなたから、豊かな光の財産を集めましょう。

彷徨えるタマシイたちの
闇の渦にご用心

（闇の渦昇華術）

心と身体が疲れ、光がまぶしく感じたり、気持ち
がふさぎ続けてしまっている時は、この人間界に
佇み彷徨うタマシイたちの気があなたと重なって
いる時かもしれません。ネガティブな気持ちが続
く時は、休息を取って感謝とともに太陽の光を身
体へ浴びて、深呼吸することから始めましょう。

「想像」から「創造」へ

（未来変革の魔法）

この先、どのような未来になったら心も身体も喜ぶかを想像してみましょう。どのような素敵な輝きが浮かぶでしょうか。あなたの想像は、時空を越えて過去世のあなたが託した光の世界です。さあ、まずはワクワクと想像することから、この現世に創造への道を誕生させましょう。

人生の正解は、
すべてであり、どれでもない

（人生上昇の魔法）

人間が生んだ問題には答えがありますが、人生というそれぞれの道には、正解も不正解もありません。ただ言えるとしたら、あなたの心は光だけではなく、闇だけでもない、どちらも見つけていくことが、あなたにしか気づけない真実の光を見つける道となるのです。

地球はあなたと繋がり
輝き放つ

（宇宙の叡智 召喚の魔法）

地球上に生きる人間は、地球の一部でもあります。宇宙の叡智を宿しながら存在する地球の光を、私たちも受け取って生きています。あなたの平和を願う想いは、地球が願う想いでもあるのです。すべてが繋がり、あなたの未来も生まれていくのです。

月の叡智が
魂の記憶を呼び覚ます

（月の光を受け取る魔法）

月の満ち欠けは、太古の昔から誰もが大切にし
ていました。現世で受け取る月の光は、時空を
越えて未来への希望を託した、あなたの道を拓
く力を呼び覚まします。数々の転生から今を選ん
だあなたの道で、魂レベルで喜びを見出すこと
を願って受け取りましょう。

植物の愛の光を呼び覚ます

（共鳴と調和の魔法）

地球上の植物は、太陽と月の叡智を宿しながら
生成されています。人間が育てている世界です
が、植物に人間が導かれている真実もあるので
す。会話をしない代わりに、あなたの想いを伝え
る時、植物に宿る無垢なる光が、自ずと輝きを
与え導いてくれることでしょう。

時空を越えて、道拓く

（Krehaの魔法I）

今のあなたの状況に、過去世の想い出の塗り替えが次々と生まれています。どのように過ごしていくかを考えながら、こうして「今を生きている」ことに改めて感謝を。その先の未来に映るヴィジョンがさらに素晴らしいものとなり、実現へと近づくことでしょう。

光とともに

（Krehaの魔法Ⅱ）

すべては光とともに存在しています。今のあなた
のその想いもすべてが繋がり、新たな光を放つ
道が生まれようとしています。さまざまな光の導
きがあなたへ訪れ、未来の祝福が生まれる扉を
与えてくれることでしょう。

著者プロフィール

Kreha
（くれは）

光のエヴァンジェリスト（伝道師）。東京都出身。もとはスピリチュアルという単語への興味すらない人間であったが、2010年に自己覚醒によって「すべて」とともに生きる意味を知らされ、時空を越えてあらゆる存在と繋がり、生きるようになる。完全紹介&予約制サロン「Krehaカウンセリングサロン」にて延べ3万人を超える鑑定を行う傍ら、YouTube「開運KrehaChannel」、オンラインセッション「菩提樹の下で〜時空を越えて魂の輝きを生む〜」「Krehaマスターアカデミー」など、かつてない感性を研ぎ澄ます様々なメッセージを届けている。また、パワーストーン&開運浄化店「Happy-Crystal南青山骨董通り店」のオーナーであり、スピリチュアルカウンセラー、パワーストーン講師としても活躍。一般の人々をはじめ、政財界要人、著名人、占い師からも広く支持を得ている。

Instagram　kreha_crystal
YouTube「開運 Kreha Channcl」
https://www.youtube.com/@krehachannel9871
Happy-Crystal　https://kreha513.com

装丁・デザイン　山内宏一郎(SAIWAI DESIGN)
企画編集　　　渡邊亜希子(株式会社CROSS-POT)

未来の扉を開く
魔法の言葉辞典【初版限定特装版】

2024年4月30日　第1刷発行

著　者　Kreha

発行所　株式会社CROSS-POT

　　　　〒134-0013　東京都江戸川区江戸川6-35-2
　　　　オフィス古川2階
　　　　ホームページ　https://www.cross-pot.co.jp
　　　　お問い合わせ　info@cross-pot.co.jp

印　刷　株式会社シナノパブリッシングプレス